ふんわりかぎ針編みの
フラワーアクセサリー

 spinu

まえがき

　物心がついたころから小さなものを作るのが好きで、なんでも小さく作っていました。

　小学校3年生の時に母に編み物を教わってからも、ふつうの毛糸ではなく一番細い糸で作りたくて、一番細い糸と編み針を求めてお小遣いをにぎりしめて手芸屋さんに行ったことが始まりのような気がします。

　2003年から編み物の作品を販売するようになったのですが、その作品も年々小さくなっていきました。

　市販の毛糸やレース糸で編むよりももっと小さく編みたくて、手元にあったミシン糸で編んでみたところ「意外と編めるものだな」と思い、それなら大好きな刺繍糸で編んでみようと思い、今に至ります。

　小学生の頃、ミサンガ作りに夢中になったのですが、その時からずっと刺繍糸が大好きで、好きな色を収集していました。

　私の大好きな「小さいもの」と「編み物」と「刺繍糸」。

　この組み合わせで「ふんわりお花」は誕生しました。

　ふんわり優しいお花づくりを楽しんでもらえたら、嬉しいです。

2024年8月吉日　　spinu　峰えり子

CONTENTS

はじめに ……………………………………………… 002

小花 M ………………………………………………… 031
小花 S ………………………………………………… 034
小花 L ………………………………………………… 037
ちょうちょ …………………………………………… 040
マーガレット M ……………………………………… 043
マーガレット花芯 M ………………………………… 046
マーガレット S ……………………………………… 048
はっぱ ………………………………………………… 051
バラ …………………………………………………… 053
小花のイヤーアクセサリー ………………………… 061
小花のパールイヤーアクセサリー ………………… 063
小花のネックレス …………………………………… 064
マーガレットのイヤーアクセサリー ……………… 066
ひとつぶお花の揺れるイヤーアクセサリー ……… 067
小さなお花のネックレス …………………………… 068
小さなお花のイヤーアクセサリー ………………… 070
お花畑のレースイヤーアクセサリー ……………… 072
マーガレットとリボンのイヤーアクセサリー …… 074
お花畑のネックレス ………………………………… 076
バラとリボンのイヤーアクセサリー ……………… 079
お花畑のブローチ …………………………………… 081
マーガレットのブローチ …………………………… 083
バラのブローチ ……………………………………… 085
ミニバラのネックレス ……………………………… 087
小花のリング ………………………………………… 089
マーガレット、ミニバラのリング ………………… 091
バラのイヤーカフ …………………………………… 092
お花畑のイヤーカフ ………………………………… 094
お花畑のポニーフック ……………………………… 096
お花畑のレースポニーフック ……………………… 098
お花畑のバレッタ …………………………………… 100
お花畑のドーナツブローチ ………………………… 102

必要な材料・道具 ……………………… 024
材料・パーツ ……………………… 025
かぎ針編みの基礎 ……………………… 026
基本の編み方 ……………………… 028
パーツの使い方 ……………………… 058

小さなお花たち

マーガレットの
イヤーアクセサリー

作り方 | 066ページ

お花畑のレースイヤーアクセサリー　作り方 072ページ
小花のパールイヤーアクセサリー　作り方 063ページ
小花のイヤーアクセサリー　作り方 061ページ

お花畑のブローチ

作り方 | 081ページ

小さなお花のネックレス　作り方 | 068ページ
小花のリング　作り方 | 089ページ

小さなお花の
イヤーアクセサリー

作り方 | 070ページ

マーガレット、
ミニバラのリング

作り方 | 091ページ

小花のリング

作り方 | 089ページ

小花のネックレス

作り方 064ページ

お花畑のブローチ 作り方 | 081ページ
マーガレットとリボンのイヤーアクセサリー 作り方 | 074ページ

バラとリボンのイヤーアクセサリー

作り方 | 079ページ

マーガレットのイヤーアクセサリー 作り方 066ページ
ひとつぶお花の揺れるイヤーアクセサリー 作り方 067ページ

015

お花畑のネックレス

作り方 | 076ページ

バラのイヤーカフ

作り方 | 092ページ

お花畑の
ドーナツブローチ

作り方 | 102ページ

お花畑のバレッタ　作り方｜100ページ
お花畑のポニーフック　作り方｜096ページ
お花畑のレースポニーフック　作り方｜098ページ

お花畑の
レースポニーフック

作り方 | 098ページ

お花畑のバレッタ

作り方 | 100ページ

バラのブローチ

作り方 | 085ページ

お花畑の
イヤーカフ

作り方 094ページ

021

マーガレットの
ブローチ

作り方 | 083ページ

ミニバラのネックレス 作り方 | 087ページ

必要な材料・道具

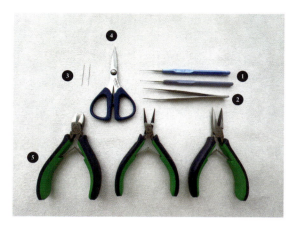

① レース針
14号レース針・25号レース針（この本では、TULIPのレース針を使用）。

② ピンセット
編んだ花の形を整える時や、細かいパーツを貼り付ける時などに使用。

③ 縫い針
編んだパーツを縫い付ける時や糸処理の時などに使用。

④ ハサミ
糸や布を切る時に使用。

⑤ ニッパー、ヤットコ
ニッパーはワイヤーを切る時に、平ヤットコはパーツを付ける時に、丸ヤットコはTピンを丸める時に使用。

刺繍糸
刺繍糸（綿100% 25番刺繍糸）
この本では3つのメーカーの刺繍糸を使用

① OLYMPUS

② cosmo

③ DMC

④ ビーズ
特小ビーズ
この本ではTOHOビーズを使用

※1つのメーカーだけでも十分な色揃えがあります。
まずは、手に入りやすいメーカーの刺繍糸から
お気に入りの色を見つけていくのがおススメです。

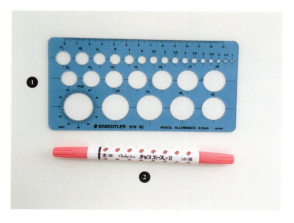

① 丸定規

② チャコペン

※レース針や刺繍糸などの道具や材料はネットショップでの購入もおススメです。

材料・パーツ類

① イヤリング金具（カン付きタイプ）
② ピアス金具（カン付きタイプ）
③ イヤリング金具（丸皿タイプ）
④ ピアス金具（丸皿タイプ）
⑤ シャワータイプ イヤリング金具 (8mm)
⑥ シャワータイプ ピアス金具 (8mm)
⑦ イヤリング金具（カン付きタイプ）
⑧ U字フックピアス金具

① ポニーフック金具（5 × 30mm）
② ポニーフック金具（10 × 32mm）
③ バレッタ金具
④ ブローチ金具（30mm）
⑤ ドーナツブローチ金具（シャワータイプ）
⑥ 座金付きバネ式イヤリング金具
⑦ 丸皿付きリング台

① フエルト
② スエードテープ 2mm
③ スエードテープ
④ レース

① ジュエリーシーラント
② 接着剤
③ 目打ち
④ 調色スティック

かぎ針編みの基礎

鎖編み

1. 最初の目を作り、針に糸をかける。

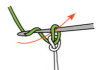
2. かけた糸を引き出す。

3. ①〜②を繰り返す。

4. 全部で5回繰り返すと鎖編み5目の完成。

引き抜き編み

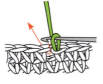
1. 前段の目に針を入れる。

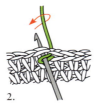
2. 針に糸をかける。

3. 針にかかっているループも一緒に引き抜く。

4. 引き抜き編み1目の完成。

細編み

1. 前段の目に針を入れる。

2. 針に糸をかけ糸を引き出す。

3. 針に糸をかけ2ループ同時に引き抜く。

4. 細編み1目の完成。

細編み（平編みのとき）

1. 必要な目数の鎖編みを編み、端から2目めの鎖に針を入れて糸を引き出す。

2. 針に糸をかけ、2ループ同時に引き抜く。

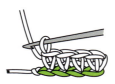
3. 一段めが編めたところ。

中長編み

1. 針に糸をかけて前段の目に針を入れる。

2. さらに糸をかけ、糸を引き出す。

3. もう一度針に糸をかけ、3ループ同時に引き抜く。

4. 中長編み1目の完成。

長編み

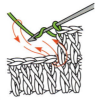

1. 針に糸をかけ前段の目に針を入れ、さらに糸をかけて引き出す。

2. 針に糸をかけ、2ループ同時に引き抜く。

3. 針に糸をかけ、残りの2ループを同時に引き抜く。

4. 長編み1目の完成。

長編み2目編み入れる

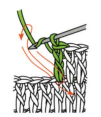

1. 長編みを1目編み、糸をかけ同じ目に針を入れ、糸をかけて引き出す。

2. 針に糸をかけ、2ループ同時に引き抜く。

3. もう一度針に糸をかけ、残りの2ループ同時に引き抜く。

4. 長編み2目編み入れたところ。

記号例

 長編み3目編み入れる

 長々編み4目編み入れる

 三つ巻き長編み5目編み入れる

※目数が2目以上や長編み以外の場合も、同じ要領で前段の1目に指定の記号を指定の目数編み入れる。

基本の編み方

刺しゅう糸の準備

1.
6本になっている刺繍糸のうち1本を引き抜く。

2.
絡まりに注意しながら、最後まで引き抜く。

3.
引き抜いた糸を台紙に巻いていく。

糸のかけ方

1.
糸を左手の小指と薬指の間に挟む。

2.
中指と人差し指の間を通し、人差し指にかける。

3.
糸端を左手の中指と親指で持つ。糸が滑る場合は人差し指や小指に1周巻き付ける。

わの作り目

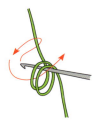

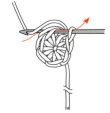

1.
人差し指に糸を2周巻き付ける。

2.
輪の中に針を入れ糸をかけて引き出す。

3.
もう一度糸をかけて引き抜く。

4.
人差し指から糸をはずす。

5.
輪が崩れないように親指と中指で押さえる。

6.
立ち上がりの鎖目を1目編む。

7.
輪の中に針を入れて糸をかける。

8.
かけた糸を引き出し、もう1度針に糸をかける。

9.
糸を引き抜く。

10.
7〜9を繰り返して必要な目数を編む。

11.
糸端をひっぱり、動いた方の糸を引き締める。

12.
糸端をひっぱり引き締める。

13.
9で編んだ最初の細編みの鎖目に針を入れる。

14.
針に糸をかける。

15.
引き抜いたら完成。

小花 M

使用作品：小花のイヤーアクセサリー

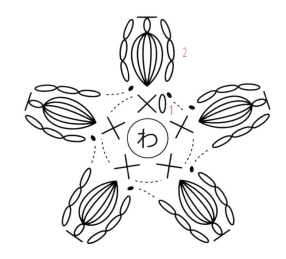

1.
わの作り目（5目）を編んだところ。

2.
鎖編みを3目編む。

3.
針に糸を1回かける。

4.
前段の目に針を入れる。

5.
糸をかける。

6.
2の鎖編みの長さまで糸を引きだす。

7.
針に糸をかけ、同じところに針を入れ、2の鎖編みの長さまで引き出す。

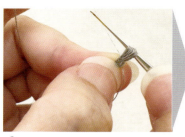

8.
あと4回繰り返す。（合計6回引き出す）。

9.
針に糸をかける。

10.
一番右のループ1つを残して引き抜く。

11.
さらに糸をかけ、残りのループを引き抜く。

12.
3目鎖編み。

13.
同じところに針を入れ、糸を引き抜く。

14.
鎖編みを3目編む。

15.
針に糸をかけ、隣の目に針を入れる。

16.
5〜13を繰り返す。

17.
同様の方法を繰り返し、花びらを5枚編む。

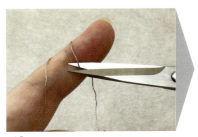

18.
糸を長めに切り、糸を引き抜く。

19.
引き抜いた糸に縫い針を通す。

20.
ビーズを通す。

21.
中央にビーズがくるように縫い付ける。

22.
ビーズの周りを何度か縫い、糸を切る。

小花 S

使用作品： 小さなお花のネックレス
　　　　　小さなお花のイヤーアクセサリー

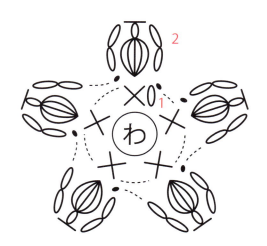

1. わの作り目（5目）を編んだところ。

2. 鎖編みを2目編む。

3. 針に糸を1回かける。

4. 前段の目に針を入れる。

5. 糸をかける。

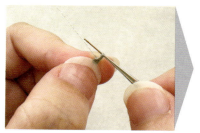

6. 2の鎖編みの長さまで糸を引き出す。

7.
針に糸をかけ、同じところに針を入れ、2の鎖編みの長さまで引き出す。

8.
あと3回繰り返す(全部で5回)。

9.
針に糸をかける。

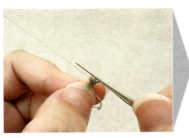

10.
一番右のループ1つを残して引き抜く。

11.
さらに糸をかけ、残りのループを引き抜く。

12.
2目鎖編み。

13.
同じところに針を入れ、糸を引き抜く。

14.
鎖編みを2目編む。

15.
針に糸をかけ、隣の目に針を入れる。

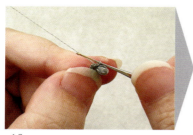
16.
5〜13を繰り返す。

17.
同様の方法を繰り返し、花びらを5枚編む。

18.
糸を長めに切り、糸を引き抜く。

19.
引き抜いた糸に縫い針を通す。

20.
ビーズを通す。

21.
中央にビーズがくるように縫い付ける。

22.
ビーズの周りを何度か縫い、糸を切る。

小花 L

使用作品： お花畑のポニーフック
　　　　　 お花畑のレースポニーフック

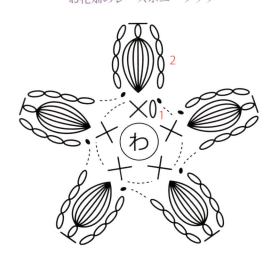

1.
わの作り目（5目）を編んだところ。

2.
鎖編みを4目編む。

3.
針に糸を1回かける。

4.
前段の目に針を入れる。

5.
糸をかける。

6.
2の鎖編みの長さまで糸を引き出す。

037

7.
針に糸をかけ、同じところに針を入れ、2の鎖編みの長さまで引き出す。

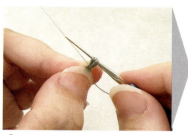

8.
あと5回繰り返す(全部で7回)。

9.
針に糸をかける。

10.
一番右のループ1つを残して引き抜く。

11.
さらに糸をかけ、残りのループを引き抜く。

12.
4目鎖編み。

13.
同じところに針を入れ、糸を引き抜く。

14.
鎖編みを4目編む。

15.
針に糸をかけ、隣の目に針を入れる。

16.
5〜13を繰り返す。

17.
同様の方法を繰り返し、花びらを5枚編む。

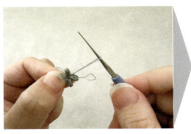

18.
糸を長めに切り、糸を引き抜く。

19.
引き抜いた糸に縫い針を通す。

20.
ビーズを通す。

21.
中央にビーズがくるように縫い付ける。

22.
ビーズの周りを何度か縫い、糸を切る。

23.
完成。

ちょうちょ

使用作品： 小さなお花のネックレス
お花畑のネックレス

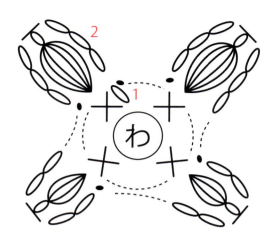

材料：刺繍糸、レース針、縫い針

1.
わの作り目（4目）を編んだところ。

2.
鎖編みを3目編む。

3.
針に糸を1回かける。

4.
前段の目に針を入れる。

5.
糸をかける。

6.
2の鎖編みの長さまで糸を引き出す。

7.
針に糸をかけ、同じところに針を入れ、鎖編みの長さまで引き出す。

8.
あと4回繰り返す（合計6回引き出す）。

9.
針に糸をかける。

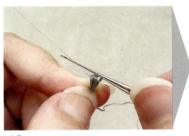

10.
一番右のループ1つを残して引き抜く。

11.
さらに糸をかけ、残りのループを引き抜く。

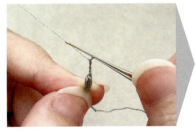

12.
3目鎖編みする。

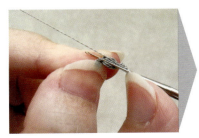

13.
同じところに針を入れ、糸を引き抜く。

14.
鎖編みを2目編む。

15.
針に糸をかけ、1段目（わの作り目）の隣の目に針を入れて糸をかけ、14の鎖編みの長さまで引き出す。

041

16.
あと4回繰り返す。（全部で5回）

17.
9〜11を繰り返す。

18.
2目鎖編みをし、1段目の同じ目に針を入れ、引き抜く。14〜18を繰り返す。

19.
3目鎖編みをして、3〜13を繰り返す。

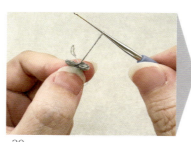

20.
糸を切り、糸を引き抜く。

21.
糸端を糸処理する。

22.
白い糸を縫い針に通す。

23.
ちょうちょの下の方から針を刺し、ステッチする。

24.
糸を切って完成。

マーガレット M

使用作品： マーガレットのイヤーアクセサリー
ひとつぶお花の揺れるイヤーアクセサリー

1.
わの作り目（8目）を編んだところ。

2.
鎖編みを4目編む。

3.
針に糸を1回かける。

4.
前段の目に針を入れる。

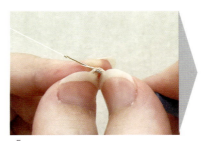

5.
糸をかける。

6.
2の鎖編みの長さまで糸を引き出す。

7.
針に糸をかけ、同じところに針を入れ、2の鎖編みの長さまで引き出す。

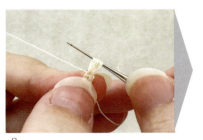

8.
あと4回繰り返す（合計6回引き出す）。

9.
針に糸をかける。

10.
一番右のループ1つを残して引き抜く。

11.
さらに糸をかけ、残りのループを引き抜く。

12.
4目鎖編み。

13.
同じところに針を入れ、糸を引き抜く。

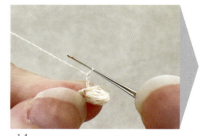

14.
鎖編みを4目編む。

15.
針に糸をかけ、隣の目に針を入れる。

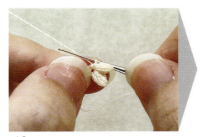  

16.
5〜13を繰り返す。

17.
同様の方法を繰り返し、花びらを合計8枚編む。

18.
糸を長めに切り、糸を引き抜く。

マーガレット花芯 M

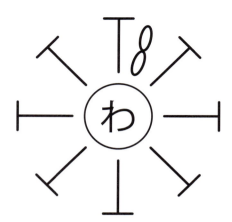

花芯 M の編み方

1.
人差し指に糸を2周巻き付ける。

2.
輪の中に針を入れ、糸をかけて引き抜く。

3.
もう一度糸をかけて引き抜く。

4.
指から糸をはずし、崩れないように親指と中指で押さえる。

5.
立ち上がりの鎖目を2目編む。

6.
輪の中に針を通して中長編み。

7.
7回中長編みを繰り返す。

8.
編んだ目を指で押さえ、糸を引っ張り、動いた方の糸を引き締める。

9.
立ち上がりの鎖目の2目めに針を刺す。

10.
糸をかけて引き抜く。

11.
糸を切り、引き抜く。

12.
糸に縫い針を付け、糸処理をする。

マーガレットの仕立て方

1.
マーガレットの編み終わりの糸に縫い針を付ける。

2.
真ん中に花芯を縫い付ける。

3.
周りを何度か縫い、糸を切る。

マーガレット S

使用作品： マーガレットのブローチ、
マーガレットとリボンのイヤーアクセサリー

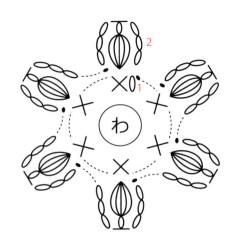

1.
わの作り目（6目）を編んだところ。

2.
鎖編みを3目編む。

3.
針に糸を1回かける。

4.
前段の目に針を入れる。

5.
糸をかける。

6.
2の鎖編みの長さまで糸を引き出す。

7.
針に糸をかけ同じところに針を入れ2の鎖編みの長さまで引き出す。

8.
あと3回繰り返す（合計5回引き出す）。

9.
針に糸をかける。

10.
一番右のループ1つを残して引き抜く。

11.
さらに糸をかけ残りのループを引き抜く。

12.
3目鎖編み。

13.
同じところに針を入れ糸を引き抜く。

14.
鎖編みを3目編む。

15.
針に糸をかけ隣の目に針を入れる。

049

16.
5〜13を繰り返す。

17.
同様の方法を繰り返し花びらを合計6枚編む。

18.
糸を長めに切り糸を引き抜く。

19.
花芯を編む。わの作り目5目編む。

20.
糸処理をする。

21.
マーガレットの仕立て方（P47）を参考に仕立てる。

はっぱ

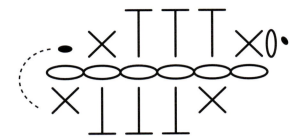

1.
糸は2本同時に編んでいく。鎖編み6目編む。

2.
立ち上がり1目を編む。

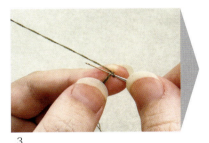

3.
端から2目めの鎖に針を入れる。

4.
細編みを編む。

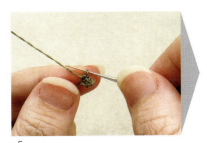

5.
中長編みを3回編む。

6.
細編みを編む。

7.
引き抜き編みをする。

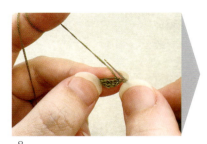
8.
編み始めの糸を横に沿わせる。

9.
細編みを編む（編み始めの糸を編みくるむ）。

10.
中長編み3目を編む。

11.
細編みを編む。

12.
立ち上がりの目に針を入れ、引き抜き編みをする。

13.
糸を切って引き抜く。

14.
切った糸を糸処理する。編み始めの糸はそのまま切る。

バラ

使用作品： バラとリボンのイヤーアクセサリー

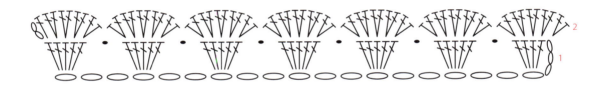

1.
編み図の通り、19目鎖編み。

2.
立ち上がり3目編む。

3.
端から4目めの鎖に針を入れる。

053

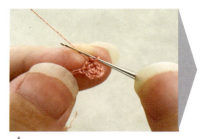

4.
同じ目に長編み4目編み入れる。

5.
3目先の鎖編みに長編み5目編み入れる。

6.
編み図の通り2段目を編み進める。

7.
ひっくり返して、立ち上がりの鎖編み2目を編む。

8.
3段目も編み図の通り編んでいく。

9.
1山編んだところ。

10.
2段目の山と山の間に針を入れる。

11.
糸をかけ引き抜き編み。

12.
編み図の通りに編んでいく。

13.
3段目を最後まで編んだところ。

14.
20cmくらいのところで糸を切る。

15.
切った糸を引き抜く。

バラの仕立て方

1.
長く切った方の糸に縫い針を付ける。

2.
縫いながら糸の起点を1段目に移動する。

3.
端から1山分巻いて対角線上に針を刺して糸を引き抜く。

4.
さらに1周巻いて針を刺して糸を引き抜く。

5.
さらにもう1周、針を刺して糸を引き抜く。

6.
最後まで巻いて針を刺して糸を引き抜く。

7.
表面を見てバランスを整える。

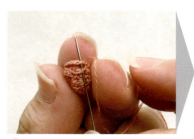

8.
花びらが開かないようかがっていく。

10.
針を裏側の中心に向かって刺し、裏側の中心から糸が出るようにする。

11.
裏側から針を刺し、表の真ん中から糸を出す。

12.
表の中心から針を刺し、裏側の中心から糸を出す。

13.
はっぱ (P51) を編む。

14.
はっぱをバラの裏側中心に縫い付ける。

15.
根本から糸を切る。

16.
ジュエリーシーラントを用意する。

17.
別の容器などに移すと使いやすい。

18.
調色スティックや筆などを使い、
バラに塗り込んでいく。

19.
形を整える。

パーツの使い方

9ピン・Tピン

1.
ピンにビーズを通す。

2.
ビーズのすぐ上を直角に曲げる。

3.
曲げた根元から7mmのところでニッパーを使いピンを切る。

4.
丸ヤットコを使ってピンを丸める。

5.
1度に丸めるのではなく、少しずつ丸めると良い。

6.
隙間が空かないように輪をきっちりと閉じる。

Cカン

1.
ヤットコ2本を両手でもち、Cカンをはさむ。

2.
前後にずらして開く。

3.
閉じる時も前後にずらして閉じる。

メガネ留め

1.
ワイヤーを 10 ～ 15cm の長さで切る。

2.
真ん中より少し上の部分を垂直に折り曲げる。

3.
丸ヤットコの先を使いループを作る。

4.
ループにチェーンを通す。

5.
ループの部分を丸ヤットコで持つ。

6.
ワイヤーを2周巻き付ける。

7.
巻き終わった根元で切る。

8.
パールを通す。

9.
パールのすぐ上を垂直に折り曲げる。

10.
3～7を繰り返す。

11.
完成。

色表

白	Cosmo 1000
生成り	DMC 739
ピンク	Cosmo 424
水色	OLYMPUS 812
うす紫	DMC 3861
黄色	DMC 437
赤	DMC 3859
青	OLYMPUS 412
濃い紫	DMC 3860
カラシ色	DMC 436
赤（バラ）	DMC 3778
オレンジ（花芯）	OLYMPUS 531
緑（葉っぱ）	DMC 640

小花のイヤーアクセサリー

材料：ピアス or イヤリング金具（シャワータイプ 8mm）

1.
小花 M（p31）を 3 色 2 つずつ、はっぱ（p51）を 2 つ編む。

2.
シャワー金具にはっぱを縫い付ける。

3.
金具にはっぱを、その上にお花を縫い付ける。

4.
少し重なるように付ける。

5.
3 つ目も少し重なるように縫い付ける。

6.
全体的に縫い付ける。

061

7.
裏側に接着剤を塗る。

8.
台にはめて、爪を曲げる。

小花のパールイヤーアクセサリー

材料：ピアス or イヤリング金具
　　　（シャワータイプ 8mm）
　　　丸カン
　　　コットンパール 8mm
　　　T ピン

1.
小花 M（P31）を 3 色 2 つずつ、はっぱ（P51）を 2 つ編む。

2.
P61 の 2～6 と同様にお花を金具に縫い付ける。

3.
下になる部分に丸カンを付ける。

4.
コットンパールに T ピンをさし丸める。

5.
コットンパールに丸カンを付ける。

6.
台にはめて端を爪をまげる。

小花のネックレス

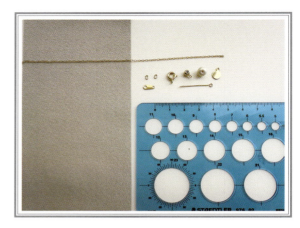

材料：スエードテープ、チェーン、ひきわ、スライドボール 4mm、コットンパール 6mm、板ダルマ、C カン、ラウンドプレートカン付き、円定規

1.
小花 M（P31）を 3 色、はっぱ（P51）を編む。

2.
円定規を使って、スエードテープを 10mm の円で 2 枚切り抜く。

3.
2 で切り抜いた円にはっぱを縫い付ける。

4.
お花を縫い付ける。

5.
お花を 3 つ縫い付ける。

6.
お花を縫い付けた土台の裏面にカン付きラウンドプレートを接着剤で貼り付ける。

7.
もう1枚のスエードテープを貼り付ける。

8.
チェーンを好きな長さで切る。

9.
チェーンの先端に折り曲げたワイヤーを付ける。

10.
ワイヤーを使ってスライドボールにチェーンを通す。

11.
スライドボールのカンに板ダルマをCカンで繋ぐ。

12.
コットンパールにTピンを刺して丸めて、11のチェーンの端に付ける。

13.
反対側のチェーンの先にひきわを付ける。

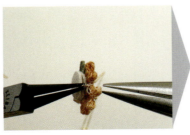
14.
チェーンの中央あたりにお花のトップをCカンで付ける。

15.
完成。

065

マーガレットのイヤーアクセサリー

材料：スエードテープ、ピアス丸皿 or イヤリング丸皿

1. マーガレット M（P43）を2つ編む。

2. スエードテープを8mm円で切り取る。

3. ピアス、イヤリングをマーガレットに接着剤で貼り付ける。

4. 裏面に2で切り取ったスエードテープを貼り付ける。

5. ピアスは真ん中に縫い針や目打ちで穴を開けてから貼り付ける。

6. ピアスの裏面にスエードテープを貼り付けたところ。

ひとつぶお花の揺れるイヤーアクセサリー

材料：ピアス or イヤリング、
　　　ラウンドビーズ 3mm、
　　　9 ピン

1.
マーガレット M（P43）を 2 つ編む。

2.
ラウンドビーズに 9 ピンを通し、丸める。（P58）

3.
ピアス or イヤリングに 2 で作ったパーツを繋げる。

4.
C カンでマーガレットとパーツを繋げる。

5.
お花が正面を向くように、9 ピンを調節する。

小さなお花のネックレス

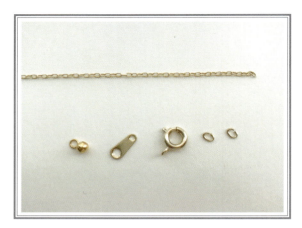

材料：刺繍糸、チェーン、スライドボール3mm、板ダルマ、Cカン、ひきわ

1.
小花S（P34）を7つ、ちょうちょ（P40）を1つ編む。

2.
縫い針に糸を通す。

3.
お花に糸を付ける。

4.
花びらの先と先を縫い繋ぐ。

5.
お花をすべて繋げたところ。

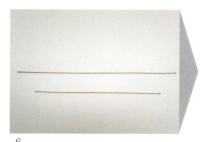

6.
チェーンを17cm、22cmで切る。

7.
22cm（長い方）のチェーンにスライドボール、板ダルマを付ける。（P65、9〜11参照）

8.
22cmのチェーンの先にちょうちょをCカンで付ける。チェーンが細い場合は目打ちで穴を広げる。

9.
17cmのチェーンの先にCカンでひきわを付ける。

10.
お花とチェーンをCカンで繋ぐ。

11.
ちょうちょ、お花の裏面にジュエリーシーラントを塗って、形を整える。

12.
完成。

小さなお花のイヤーアクセサリー

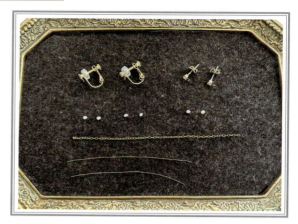

材料：ピアス or イヤリング、刺繍糸、チェーン、淡水パール、ワイヤー

1.
小花S（P34）3色を2つずつ編む。

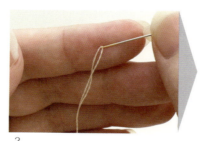

2.
縫い針に糸を通す。

3.
真ん中のお花に糸を付ける。

4.
お花の端と端を縫い付ける。P068の2〜4を参考にお花を縫い繋げる。

5.
チェーンを3〜5mm程度の長さで8つ切る。

6.
P59を参考に、淡水パールとチェーンをめがね留めする。合計で4つ作る。

7.
6で作ったパーツ2つをCカンで
ピアスorイヤリングに繋げる。

8.
お花をCカンで繋げる。

お花畑のレースイヤーアクセサリー

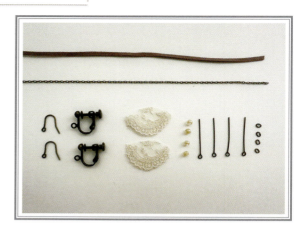

材料： ピアス or イヤリング（金古美）、刺繍糸、レース、ラウンドビーズ3mm、9ピン（金古美）、スエードテープ2mm、チェーン（金古美）

1.
マーガレットM（P43）を2つ、小花M（P31）2色を2つ、はっぱを4つ編む。

2.
縫い針に糸を通し、マーガレットと小花の花びらが重なるように縫う。

3.
はっぱを縫い付ける。

4.
もう一つの小花とはっぱも同様に縫う。

5.
レースを貼り付ける。

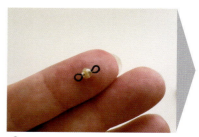

6.
ラウンドビーズに9ピンを通して丸める。

7.
チェーンを切る。切る長さは、3コマ×4つ、7コマ×2つ。

8.
画像のようにパーツを繋げる。

9.
スエードテープをリボン結びする。

10.
リボンの中心に縫い針と目打ちを使って穴を開ける。

11.
リボンに9ピンを通し、丸める。

12.
リボンとピアス or イヤリングを繋げる。

13.
6で作ったパーツをリボンと繋げる。

14.
パーツとお花パーツをCカンで繋げる。

073

マーガレットとリボンのイヤーアクセサリー

材料：ピアス or イヤリング（金古美）、
　　　刺繍糸、ラウンドビーズ 3mm、
　　　9 ピン（金古美）、
　　　スエードテープ 2mm、
　　　チェーン（金古美）、

1.
マーガレット M（P43）を 2 つ、マーガレット S（P48）を 4 つ編む。

2.
縫い針に糸を通し、花びらが重なるように縫い繋げる。

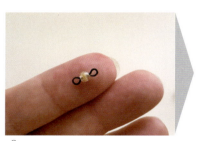

3.
ラウンドビーズに 9 ピンを通して丸める。

4.
チェーンを切る。切る長さは、3 コマ× 4 つ、7 コマ× 2 つ。

5.
画像のようにパーツを繋げる。

6.
スエードテープでリボンを 2 つ作る。

7.
リボンの中心に縫い針と目打ちを使って穴を開ける。

8.
リボンに9ピンを通し、丸める。

9.
リボンとピアス or イヤリングを繋げる。

10.
6で作ったパーツをリボンと繋げる。

11.
5で縫い繋げたマーガレットと10のパーツをCカンで繋げる。

お花畑のネックレス

材料：材料：刺繍糸、チェーン、スライドボール3mm、板ダルマ、Cカン、ひきわ

1.
小花S（P34）3色を2つずつ、マーガレットM（P43）を1つ、はっぱ（P51）を4つ、ちょうちょ（P40）を編む

2.
お花の色と同じ刺繍糸でお花を繋いでいく。

3.
お花のビーズの横あたりに糸を縫い付ける。

4.
花びらの中に針を通し、お花の先端に糸を持ってくる。

5.
お花の先端同士を縫い繋げる。

6.
花びらの中に針を通して中央に移動させる。

7.
4～6を繰り返しお花とはっぱを
繋げていく。

8.
縫い繋いだお花の色に合わせて、
糸を変える。

9.
3～7を繰り返す。

10.
一番端のお花ははっぱを繋ぐだけ。

11.
逆側のお花も同様に縫い繋げる。

12.
縫い繋げたところ。

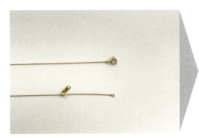

13.
小さなお花のネックレス（P68）6
～9を参考にチェーン金具を作る。

14.
チェーンと12のお花パーツ、ちょ
うちょをCカンで繋ぐ。

15.
ジュエリーシーラントをお花と
蝶々の裏側に塗り形を整える。

バラとリボンのイヤーアクセサリー

 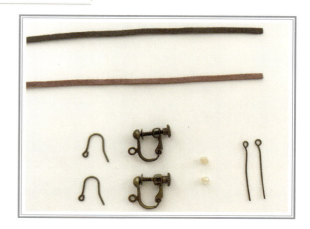

材料：9ピン（金古美）イヤリング金具、ピアス金具（金古美）、スエードテープ2mm、ラウンドビーズ3mm

色表

赤	DMC 3778
ピンク	Cosmo 424

1. バラのパーツを2つ用意する。（P53参照）

2. スエードテープを結んでリボンを2つ作る。

3. 縫い針と目打ちで穴を開ける。

4.
9ピンを通してピンを丸める。

5.
ラウンドビーズに9ピンを通しピンを丸める。

6.
4のリボンとイヤリング or ピアスを繋げる。

7.
5のラウンドビーズを繋げる。

8.
バラの上部に目打ちで穴を開ける。

9.
7に8のバラを繋げる。

お花畑のブローチ

材料：ブローチ台、スエードテープ（フェルトでも可）、接着剤

1.
小花M（P31）2色を3つずつ、マーガレットM（P43）を3つ、はっぱ（P51）を4つ編む。

2.
ブローチ台に合わせてスエードテープを切り抜く。

3.
2で切り抜いたスエードテープにバランスよくはっぱを接着する。

4.
小花をバランスよく接着する。

5.
マーガレットを接着して乾かす。

6.
接着剤が乾いたら、刺繍糸でふんわり縫い付ける。

7.
6をブローチ台に接着する。

8.
接着が足りない箇所に目打ちなどを使って接着剤を付ける。

9.
完成。

マーガレットのブローチ

材料：ブローチ台、スエードテープ（フェルトでも可）、接着剤

1.
マーガレットM（P43）を4つ、マーガレットS（P48）を4つ編む。

2.
ブローチ台に合わせてスエードテープを切り抜く。

3.
2で切り抜いたスエードテープにマーガレットSを接着する。

4.
マーガレットMを接着する。

5.
接着剤が乾いたら、刺繍糸でふんわり縫い付ける。

6.
5をブローチ台に接着する。

7.
接着が足りない箇所に目打ちなどを使って接着剤を付ける。

8.
完成。

バラのブローチ

材料：ブローチ台、スエードテープ（フェルトでも可）、接着剤

1.
バラ（P53）を1つ、小花M（P31）を8つ、マーガレットM（P43）2つ、はっぱ（P51）を3つ編む。

2.
ブローチ台に合わせてスエードテープを切り抜く。

3.
2で切り抜いたスエードテープにはっぱを接着する。

4.
小花Mを接着する。

5.
バラ、マーガレットを接着する。

6.
接着剤が乾いたら、刺繍糸をふんわり縫い付ける。

7.
6をブローチ台に接着する。

8.
完成。

ミニバラのネックレス

材料：チェーン、ひきわ、スライドボール4mm、コットンパール6mm、板ダルマ、Cカン、ラウンドプレートカン付き、Tピン

1.
1本撮りした刺繍糸をさらに半分に割く。

2.
糸巻台紙に糸を巻きながら割いていく。

3.
極細レース針(Tulip No.25 0.35mm)を使い、バラ（P53）を編む、はっぱは1本取りの糸をバラと同じレース針で編む。

4.
ラウンドプレートに接着剤を付ける。

5.
バラの裏面に接着する。

6.
P65の8〜13を参照してネックレスのチェーン部分を作る。

7.
5で作ったミニバラパーツをCカンで繋げる。

8.
完成。

小花のリング

材料：スエードテープ、リング台、丸定規

1.
小花M（P31）を3色1つずつ、はっぱ（P51）1つを用意する。

2.
丸定規を使ってスエードテープを10mmの円に切り抜く。

3.
切り抜いたスエードテープにはっぱを縫い付ける。

4.
小花を縫い付ける。

5.
少し重なるように小花を縫い付ける。

6.
3つ縫い付けたところ。

7.
リング台に接着剤を付ける。

8.
6で作ったパーツとリング台を接着する。

9.
完成。お花とリング台の接着部分をレジンで固めると強度が増す。

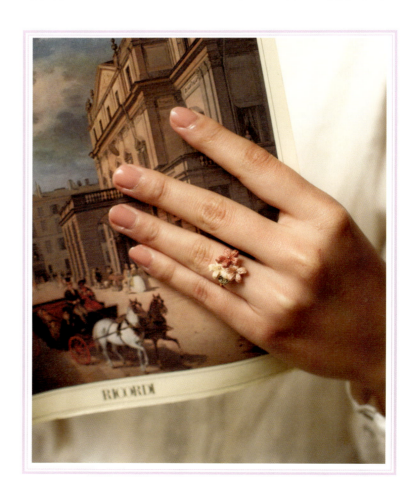

090

マーガレット、ミニバラのリング

材料：リング台

1.
マーガレットM（P43）、ミニバラ（P87）などを編む。

2.
リング台に接着剤を付ける。

3.
お花の裏面を接着する。お花とリング台の接着部分をレジンで固めると強度が増す。

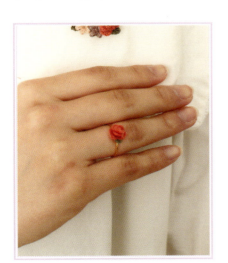

バラのイヤーカフ

材料：スエードテープ、イヤーカフ金具

1.
小花M（P31）6つ、バラ（P53）1つ、マーガレットM（P43）1つ、はっぱ（P51）1つを編む。

2.
イヤーカフ金具に合わせてスエードテープを切り抜く。

3.
切り抜いたスエードテープにはっぱを接着する。

4.
配置図のとおり小花を接着する。

5.
マーガレットとバラを接着する。

6.
イヤーカフ金具を接着する。

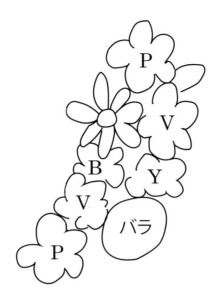

配置図

ピンク	P	Cosmo 424
うす紫	V	DMC 3861
黄色	Y	DMC 437
水色	B	OLYMPUS 812

お花畑のイヤーカフ

材料：スエードテープ、イヤーカフ金具

1.
小花M（P31）5つ、マーガレットM（P43）2つ、はっぱ（P51）2つを編む。

2.
イヤーカフ金具に合わせてスエードテープを切り抜く。

3.
切り抜いたスエードテープにはっぱを接着する。

4.
小花を接着する。

5.
マーガレットを接着する。

6.
スエードテープ2mmを結んでリボンを作る。

7.
リボンを接着する。

8.
半日程度乾かした後、接着が足りない部分に目打ちなどを使って接着剤を付ける。

9.
イヤーカフ金具に接着する。

お花畑のポニーフック

材料：フェルト、ポニーフック金具

1.
小花L（P37）4つ、マーガレットM（P43）1つを編む。

2.
フェルトを0.6cm×3.8cmで切り取る。

3.
2で切り取ったフェルトに小花を少し重なるように接着する。

4.
マーガレットを接着する。

5.
半日程度乾かす。縫い針に糸を通し、ふんわりと縫う。

6.
ポニーフック金具に接着剤を付ける。

7.
5のパーツを接着する。

8.
完成。

097

お花畑のレースポニーフック

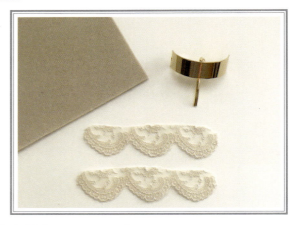

材料：フェルト、レース（8cm）、ポニーフック金具(10×32mm)

1.
小花L（P37）3色を2つずつ、マーガレットM（P43）を1つ、はっぱ（P51）を6つ編む。

2.
1cm×3.5cmでフェルトを切り出す。

3.
ギャザーを寄せながらレースをフェルトに縫い付ける。（まち針や仮止めクリップを使うと便利）

4.
土台にはっぱを接着する。

5.
小花を少し重なるように接着する。

6.
小花、マーガレットを接着し、半日程度乾燥させたら刺繍糸でふんわり縫っていく。

7.
金具を接着する。

8.
金具とパーツを縫い補強する。

9.
完成。

お花畑のバレッタ

材料：フェルト、レース、バレッタ金具

1.
P101の表を参考にパーツを編む。

2.
フェルトを1cm×6.5cmで切り出します。

3.
フェルトにレースを縫い付ける（まち針や仮止めクリップを使うと便利）。

4.
レースを縫い付けた土台にはっぱを接着する。

5.
マーガレット、バラを接着する。

6.
半日程度乾燥させたら刺繍糸でふんわり縫っていく。

7.
バレッタを接着する。

8.
完成。

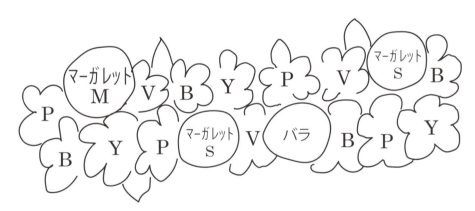

配置図

	部数	メーカー色番	表記	編み図
ピンク	4	Cosmo 424	P	P31
うす紫	3	DMC 3861	V	P31
黄色	3	DMC 437	Y	P31
水色	4	OLYMPUS 812	B	P31
バラ	1	DMC 3778	バラ	P53
マーガレットM	1	DMC 739、OLYMPUS 531	マーガM	P43
マーガレットS	2	DMC 739、OLYMPUS 531	マーガS	P48
はっぱ	4	DMC 640	なし	P51

お花畑のドーナツブローチ

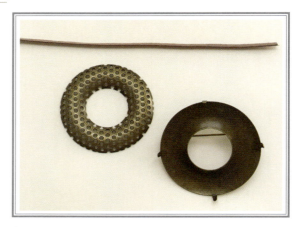

材料：スエードテープ２mm、ドーナツブローチ金具

1. P103の表を参考にパーツを編む。

2. 配置図を参考に小花をシャワー金具に接着する。

3. バラとマーガレットを接着する。

4. スエードテープでリボンを作る。

5. リボンを接着する。

6. 半日程度乾燥させたら、刺繍糸でふんわり縫っていく。

7.
シャワー金具の裏側に接着剤を塗る。

8.
7のパーツを土台にはめて、爪を折る。

9.
完成

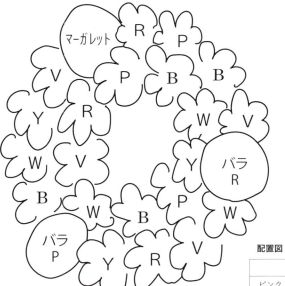

配置図

	個数	メーカー色番	表記	編み図
ピンク	3	Cosmo 424	P	P 3 1
うす紫	4	DMC 3861	V	P 3 1
黄色	3	DMC 437	Y	P 3 1
水色	4	OLYMPUS 812	B	P 3 1
生成り	4	DMC 739	W	P 3 1
赤	3	DMC 3859	R	P 3 1
バラR	1	DMC 3778 はっぱDMC 640	バラR	P 5 3
バラP	1	Cosmo 424 はっぱDMC 640	バラP	P 5 3
マーガレットM	1	DMC 739、 OLYMPUS 531	マーガM	P 4 3

spinu（スピニュ）

宮崎県出身。
幼少期から芸術や手芸に触れ、大学では声楽を学ぶ。
卒業後、創作活動を続けていく中で、
独自のスタイルである刺繍糸のふんわりレース編みを産み出す。
現在は神奈川県を拠点に作家活動を行っている。
SNS 総フォロワー数12万人。

X　　　　　@minee_spinu
Instagram　@spinu_minee

ふんわりかぎ針編みの
フラワーアクセサリー

2024年9月13日　第1刷発行
2025年2月17日　第2刷発行

著者　spinu
装丁　徳吉彩乃 (CARAFE DESIGN STUDIO)
撮影　横井明彦
ヘアメイク　宍戸亜紀
モデル　久留更彩
スタイリング　久留千春
編み図作成　株式会社ウエイド (WADE LTD.)
DTP/本文レイアウト　株式会社のほん
編集　松本 貴子 (産業編集センター)

発行　株式会社産業編集センター
　　　〒112-0011　東京都文京区千石4丁目39番17号
　　　TEL 03-5395-6133　FAX 03-5395-5320
印刷・製本　萩原印刷株式会社

©2024 spinu Printed in Japan
ISBN978-4-86311-418-0　C5077

本書掲載の文章・写真・図版を無断で転用することを禁じます。
乱丁・落丁本はお取り替えいたします。

> 本書に掲載されている作品及びそのデザインは、お買い上げいただいた皆様に個人で作って楽しんでいただくためのものです。著者に無断で展示・販売をすることは著作権法により禁じられています。
> 個人、企業を問わず本書に掲載されている作品やデザインを流用したと認められるものについての営利目的での販売は、店頭やネットショップ、バザー等いかなる場合においても禁じます。